HUEVONARIO

Diccionario de huevonés, lengua de Chile

Emilio Rivano

Ediciones Satori

 edicionessatori@gmail.com

NOTA

Este diccionario anota palabras que no existen, pero que podrían existir. Conocer su significado y uso inicia al lector en huevonología general y lo encumbra a un nivel intermedio-avanzado en huevonés, la lengua distintiva de Chile. Las creaciones son derivaciones con base "huev" y "huevón", dos contribuciones chilenas de renombre en lexicografía neolatina y en hueveo universal.

Subrayemos que estos inventos han sido diseñados desde el huevonitorio de un huevonólogo, y no emanan del trajín diario del huevonaje, que es donde se forma el huevonario natural del huevonés. Para esto último, el lector podrá consultar *El Libro del Huevón* del citado huevonólogo.

Este huevonario desarrolla las siguientes categorías:

    (a) Entrada
    (b) Significado
    (c) Comentario (en cursivas)
    (d) Usos

CONTENIDOS

HUEVONARIO

enhuevonadora, enhuevonar

cubículo en el que se deposita al recién nacido; cuna; lecho del bebé; incubadora patentada en Chile. Viene del latín "inhuevonatus".

Por extensión, se le dice también "enhuevonadora" a la teta materna y "enhuevonar" a la acción del caso. Los cursis dicen "inhuevonadora" para lo mismo.

Usos:

"Disculpe, enfermera, ¿dónde está la sala inhuevonadora?"

"- Miren qué lindo el bebé ese en la enhuevonadora - ¿Cuál? - El rechonchito ese chupándose el dedo"

"- ¿Y mi guagua? - Está durmiendo en la enhuevonadora"

"- Mi amor, compré esta enhuevonadora rosada para nuestra futura hija; ¿le gusta?- Sí, mi chanchi, qué hermosa. Qué ganas de verla enhuevonadita ahí, ¿no?"

"Mueblería de enhuevonadoras"

"¡Qué manera de mamar esa guagua, por Dios! Vive pegada a las enhuevonadoras de su madre"

"- ¿Y todavía le das enhuevonadora a tu guagua? - Sí, ¿es que no sabías? Ahora dicen que hay que enhuevonarlas lo más posible"

"Nada más lindo que ver a una madre enhuevonando a su cría, ¿no te parece?"

"La Sofía tenía su buen par de enhuevonadoras"

"Qué ricas sus tetas, señorita. ¿Me deja enhuevonarme?"

"Ay, amigui, con estas hormonas que tomo me crecen demasiado las enhuevonadoras"

"- A mi jefe le gusta enhuevonarse en mis enhuevonadoras - ¿Y lo dejas? - Es que a mí también me gusta"

"Gordi, venga, enhuevónese"

huevadura, huevonadura

despotismo del huevón; régimen totalitario donde prevalece la estupidez; tiranía huevona.

Su forma antigua es "huevonadura", y algunos huevones todavía la usan. A quien dirige una huevadura se le llama huevonador o huevátor.

Usos:

"Los países islámicos viven oprimidos bajo huevaduras religiosas fundamentalistas"

"Su padre era exiliado de la huevonadura de Franco"

"Querían instalar en nuestro país, nuestra Copia Feliz del Edén, nada menos que la huevonadura del proletariado"

"Aquí, señores, no hay una dictadura, señores; lo que tenemos es una huevadura, señores"

"La huevadura militar chilena dura una
huevonada de años"

"Esos huevones están presos por crímenes
durante la huevadura"

"Los milicos y los curas echan de menos
los años de huevadura"

"Mami, en la escuela me enseñaron que se
dice huevadura o huevierno militar, mami"

"Cuando era huevadura yo vendía casetes
con música protesta, y me iba la raja.
Ahora que estamos en huevocracia vendo
picos falsos y me va más la raja todavía"

hueval

mata de la hueva; hortaliza autóctona de Chile que produce huevas; sembrado de huevas; vivero de huevas; jardín de huevas; prado colmado de huevas; vergel de la hueva; oasis de huevas.

El hueval es, claro, la planta que crece en los huevonales.

Por cierto, si el lector alguna vez se ha preguntado de dónde viene el infaltable "mata de huevas", este es su origen: viene del hueval, que es la mata de huevas.

Usos:

"¡Qué bonito ese hueval! ¡Y qué cantidad de huevas que le cuelgan!"

"En los huevonales del valle central se da muy bien el hueval"

"La flor nacional de Chile es el copihue, la planta, el hueval"

"- Estos huevales me producen huevonadas de huevas todos los años - ¿Y qué hace con tanta hueva, oiga? -Se la llevan los saco e huevas y la venden"

"- Mira esos dos huevales, cargaditos de huevas - Son las Cámaras del Congreso de Chile - Sí, y el hueval de los senadores tiene las huevas más suculentas, ¿lo ves? - Sí, están que se caen de maduras. ¿Cortémoslas?"

"Ese huevón es un fértil hueval. Habla y le brotan huevas. Yo creo que va pa presidente"

"- Señorita, señorita, el Gutiérrez me dijo mata de huevas, señorita - Mal dicho, pues, Gutiérrez, mal dicho. Dígale hueval"

hueveadura (hueviadura)

atavío acorazado del huevón; blindaje; armazón; indumentaria para el hueveo; prenda huevona; corsé; prenda íntima; prenda erótica.

Rocinante prefiere a Don Quijote sin hueveadura. Don Quijote prefiere a Dulcinea con hueveadura.

Usos:

"Sancho, hombre, ¿por qué demoras tanto en ponerme la hueveadura?"

"Ya no hacen hueveaduras como antes"

"Sácate esa hueveadura que parecí huevón"

"Mira ese pendejo chico jugando a los caballeros, con hueveadura y todo"

"Los soldados modernos llevan harto más hueveadura que los caballeros medievales"

"Mi amor, ¿me ayuda a ajustarme la hueviadura?"

"- ¿Va a salir Arturito? - Sí mami - No se olvide de ponerse la hueveadura, pues"

"¿Cuánto vale esta hueveadura?"

"Me calienta cuando se pone hueveadura, mi amor"

"Yo no sabía que era travesti, pero el clóset del Miguel está lleno de hueviaduras"

"- Me compré esta hueveadura para entusiasmar a mi marido - ¿Y si no infla? - Ah, cagó no más. Lo cago con el vecino"

hueveología, hueveólogo, hueveológico

ideología del huevón; creencia huevona; doctrina huevonificante; dogma; religión; pensamiento de algún partido político; filosofía de vida.

Hueveólogo es quien adhiere a una hueveología, sobre todo si la difunde o enseña. Quiera Dios que no resulte demasiado hueveológico todo esto.

Usos:

"Mi hueveología es simple: vive y deja vivir"

"Las hueveologías de izquierda están en retirada desde el colapso de la Unión Huevética"

"Mi hueveología es esotérica, ¿cachai? Soy new age. O sea, yo creo en el Tarot y en la carta astral y en el calendario maya"

"Ese huevón era hueveólogo de la junta militar y lo balearon a la salida de la Facultad de Huevonidades"

"La hueveología nazi se apoderó del mundo... casi casi"

"Las hueveologías de derecha son justificaciones interminables de las injusticias sociales"

"Los curas propagan su hueveología por todas partes. Hasta la hostia la untan en caldo hueveológico"

"La nueva izquierda está repleta de hueveólogos de derecha"

"La hueveología capitalista gira en torno al mito del individuo, la socialista en torno al mito del colectivo"

"- Francisco, el nuevo papa, es hueveólogo de la liberación - ¿Qué chucha es eso? - ¿No sabes lo que es la hueveología de la liberación?"

hueviante

de alto grado idiótico; que produce gran ebullición de huevadas; fulminante en su nivel huevónico; que irrita por lo huevón.

Así es, un asunto hueviante huevea más que la chucha. Qué hueviante la vida, ¿no?

Usos:

"Las más hueviantes son la Evelyn y la Roxana"

"- Ha sido un proceso verdaderamente hueviante este de hacerles la Primera Comunión a las niñitas, mi vida - Espérate a que se casen, Ramón. Ahí te quiero ver"

"Esta pega de traficante es hueviante a cagarse"

"Está hueviante el sol, ¿no te parece?

"Qué hueviante ver a todos esos políticos y religiosos hipócritas lavándose las manos y rasgando vestiduras con motivo de los 40 años del golpe de estado"

huevierno, huevernar, huevernante

dirección y administración del estado; nombre científico del Poder Ejecutivo en Chile.

La cultura china y la filosofía socrática enseñan que hay que huevernarse a sí mismo.

Usos:

"En mi huevierno todos los niños de Chile van a tener una huevucación de calidad"

"Este huevierno está con la gente"

"Nuestro huevierno sacará a Chile del subdesarrollo"

"¡Puta que tenemos malos hueviernos, huevón!"

"Cuando sea huevernante, nos tomamos la semana enterita de fiestas pal Hueviocho de Septiembre"

"Este es el huevierno del cambio"

"En nuestro huevierno, mano dura a la delincuencia callejera (y vista gorda a la financiera)"

"El huevierno militar hizo algunas cosas buenas, pero se fue al chancho en materia de Huevechos Humanos"

"Nosotros queremos fundar el huevierno del pueblo"

"Te explico: En el huevierno del pueblo, el huevonaje se va a auto-huevernar. El huevernante seremos todos, ¿cachai?"

"- En mi huevierno no va a haber colas en los huevonitorios - Oiga, ahora se dice gay, por si acaso"

"Este huevierno tiene cifras muy positivas que mostrar de cara al huevonaje"

"Mi huevierno es muy, pero muy muy muy serio. No es hueveo"

"Somos un huevierno de centro"

"Este huevierno ha hecho puras huevadas"

huevonabilidad

disposición de ahuevonarse; facilidad de ser huevonizado; organización de gente huevonable; disposición huevónica en la población; docilidad del huevonaje; destreza al huevonizar; maestría huevonizante.

La huevonabilidad es el rasgo que hace posible controlar y hasta hacer trabajar a los huevones.

Usos:

"Hay una crisis de huevonabilidad en el país"

"La Michelle es pillita de la huevonabilidad"

"Estamos pasando el capítulo sobre huevonabilidad en Ciencias Políticas"

"No invirtieron en una fábrica aquí en Lota porque dudaron de la huevonabilidad de la gente. Es que en esta comunidad viven muchos huevonistas, por eso"

"Nuestra coalición política tiene un problema serio de huevonabilidad"

"¡Pero esto es una pura anarquía! La inhuevonabilidad en el huevonaje ha llegado a niveles perniciosos para los negocios. Estos huevones ya no obedecen ni una huevá"

"Los milicos huevones son los garantes de la huevonabilidad en el país. Qué huevada más huevona, ¿no?"

huevonable

susceptible de convertirse en huevón; de fácil embobecimiento; disposición a la huevonabilidad; maleable; pactable; negociable.

Un sujeto huevonable asiente. Hay sujetos inhuevonables. Las estatuas, por ejemplo.

Usos:

"- ¿Y cómo le salieron los nietos comadre Teresa? - Bien, pues; todos huevonables, gracias a Dios"

"Los calzonudos son huevones huevonables por antonomasia"

"La huevonabilidad en este país ha bajado, porque cada vez hay menos huevones huevonables"

"Por suerte es huevonable el jefe ylogramos disculparnos. De otro modo,perdemos el trabajo por dejar la puerta abiertadel taller toda la noche"

"No hemos vendido mucho en este pueblo; parece que aquí no son muy huevonables que digamos"

"- ¿Y ese es el precio final? - Bueno, es huevonable, claro"

"Vendo casa en El Quisco frente al mar. 40 millones. Huevonable"

"Regla número uno en política: Todo es huevonable"

huevonáceo

de apariencia huevona; de color
semejante al huevonino; viscoso; difuso;
confuso; torpe; que se asemeja o
recuerda a un imbécil; rasgo característico
de los huevonoides.

*Así es, los huevones huevonáceos son
medio huevones, lo que muchas veces es
peor que ser huevón entero.*

Usos:

"El sujeto tenía un rostro huevonáceo"

"El color del Mapocho siempre ha sido
huevonáceo"

"La política se ha puesto más huevonácea
últimamente"

"- Huevonáceo tu marido, ¿ah? - ¿Por qué
mami? - Mire que salir a comprar el pan
en pijamas, ¿dónde se ha visto?"

"- Los perros son huevonáceos, ¿hay
cachado? - Sí, pero las vacas son más -

No, poh; las vacas son directamente huevonas, pero los perros son como cabros chicos con cola, ¿cachai?"

"Los huevonoides pertenecen a la familia de los huevonáceos"

"¿Me muestra esa camisa huevonácea que está en la vitrina, por favor?"

"Se le pusieron las mejillas huevonáceas cuando le pregunté si era casado"

huevonada

monto o volumen que es medida original de Chile; medida equivalente a muchas huevadas.

No hay límite legal para el monto de huevonadas que se le permite transmitir a la tele chilena.

Usos:

"Me da una huevonada de azúcar, por favor"

"Tráigame dos huevonadas de papas de la bodega"

"Pedrito, responda: ¿cuántas huevonavas partes de una huevonada hacen su mitad?"

"Le debo una huevonada de plata al banco"

"- A ver, Pedrito, dos huevonadas más dos huevonadas, ¿cuánto es? - Un puro hueveo, Profe - ¡Bien Pedrito!"

"De Chile se extrae huevonada tras huevonada de cobre"

"Cuando se nos acabe el cobre, usamos el mismo hoyo de Chuqui para arrojar las huevonadas de huevones que van a quedar muertos de hambre"

"¿Quién se llevó la huevonada de monedas que dejé aquí?"

"- ¿Cuánta bencina le echo? - Diez huevonadas, por favor"

huevonadero[1]

portahuevones; bolsa para depositar
huevones; estuche para el huevón;
estante o armario para guardar huevones;
ropero; ataúd.

*Por extensión, se les llama también
"huevonadero" a las escuelas,
universidades y salas de clase de la
República.*

Usos:

"En su cartera encontraron un
huevonadero, pero vacío. Le habían
robado los huevones"

"Qué bonito tu huevonadero; me encantan
las manillas doradas que tiene. ¡Y qué
planchadito que tienes a los huevones!"

"El hijo de la Rosita ya dijo abiertamente
que era gay. Por fin salió del
huevonadero"

"En medio del velorio había un huevonadero negro con velas vivas"

"Al final, todos vamos a dar al huevonadero"

"En nuestra funeraria tenemos huevonaderos para todos los bolsillos"

"Este no es un colegio, señor, es un huevonadero"

"- ¿Y su hijo dónde estudia? - ¿Él? En el Huevonadero Nacional - Ah, es huevonaderano, pero qué bien, qué bien. El primer foco de luz de la nación, qué bien, qué bien"

"- Y tú, ¿dónde estudias? - En el Huevonadero de Chile, ¿y tú? - Yo en el Huevonadero Católico"

huevonadero$_2$

lugar para la defecación del huevón; receptáculo y dispendio de la excreción de huevones; sarta de huevones en dudoso recinto y circunstancia; estercolero de huevones.

En mi opinión, antes de instalar un huevonadero en un lugar, hay que considerar el impacto en el medioambiente y en el huevonaje.

Usos:

"Qué mal huelen los huevonaderos, ¿no?"

"Por favor, al salir, tire la cadena del huevonadero"

"- Chile come cobre y caga huevones - ¿Y dónde tiene el huevonadero? - No, así no más. Los caga en el suelo"

"Chuquicamata es el huevonadero más grande del mundo"

"Los políticos quieren instalar un nuevo huevonadero en nuestra ciudad, una sede del Ministerio de Cultura. Pero nosotros los pobladores no queremos. Estamos hasta las huevas que nos manden huevones"

"Muchos escritores usan el cuaderno de notas como huevonadero"

"Yo entro al taxi como a un huevonadero: allí deposito mis huevadas, pago, me bajo, y que el taxista tire la cadena"

"Como era de noche, no lo vi, iy estaba pisando en medio de un huevonadero, por la chucha!"

"Voy corriendo, me tropiezo y caigo de hocico en el huevonadero, conchesumadre. Estuve escupiendo huevones como una semana"

huevonado

grado académico chileno; título oficial de huevón.

El lector puede estar seguro de que el autor de este libro ostenta el huevonado adecuado para escribir huevonarios.

Usos:

"Estoy estudiando un Huevonado en Ciencias"

"- ¿Sacaste tu huevonado? - No, sigo en la tesis huevona todavía"

"En esa familia todos tienen huevonado en algo; son súper huevones"

"Nunca pude terminar mi huevonado. Tuve que trabajar y criar a mis hijos"

"Con este huevonado de la Chile agarro pega seguro"

"El huevonado en huevonología de la Católica es súper bueno"

huevonal

lugar donde abundan y vegetan los huevones; campillo del hueval; cultivo de huevales; nacimiento masivo de huevones en una población; plantación multitudinaria de huevones en los vientres femeninos; árbol del huevón (de acuerdo a los huevónomos y la huevonomía); temporal o inundación de huevones; desastre natural característico de la zona.

El vocablo es, como se sabe, el nombre histórico de Chile.

Usos:

"Estuve sembrando huevonales un tiempo, y no me fue mal…, pero después me cansé. ¡Demasiado hueveo!"

"Esta universidad debe ser uno de los huevonales más grandes de Chile; aquí crece el hueval como maleza"

"- Este pueblo es un huevonal descomunal
- Es que adonde son todos de la misma familia, por eso"

"Paradigma de huevonal: El Congreso de Chile"

"Subes por Peñalolén y observas el gran huevonal de Santiago desde lo alto"

"Puro, Chile, es tu cielo azulado, puras brisas te cruzan también, y tu huevonal de huevones desparramados, es la copia huevona del Edén..."

"No vayas al estadio al partido del domingo, mira que ese es huevonal seguro"

"Se anuncia un huevonal fuerte para mañana"

"Después del huevonal, todos son huevólogos"

huevonante

que recorre largas extensiones de huevadas; que transita en modalidad huevona; que camina como huevón; que transita entre huevones.

Hay un Club de Huevonantes de Chile que sube cerros y esas huevadas. En verdad, no huevean a nadie.

Con mayor rigor, el nombre para este significado tendría que ser "hueviante", pero esa expresión está ocupada con otra huevada.

Usos:

"- ¿Y su hijo, vecina? Cómo le está yendo en la universidad? - Bien pues, fíjese. Es un buen huevonante él"

"Los curas y los políticos son huevonantes profesionales"

"Don Quijote, el huevonante errante"

"- Se ve mucho huevonante por este camino, ¿ah? - Es que adonde es tan bonito vienen a huevonear los santiaguinos"

"Qué manera de haber huevonantes en Santiago de Compostela"

"Este whisky se llama Juanito Huevonante"

"Va una manga de huevonantes camino a Lo Vásquez"

"Me gusta ver esa competencia de huevonantes en las Olimpíadas"

"Huevonante, no hay hueval, se hace el hueval al huevear, al huevear se hace el hueval y al volver la vista atrás, se ve el hueval que nunca se ha de volver a huevear; huevonante no hay hueval, sino huevadas por huevear"

huevonanza

abundancia de huevones; temporada de huevones; dicha y delicia del huevonero.

El lector me concederá que hay huevonanza en los valles de Chile estas últimas eras.

Usos:

"- ¿Qué están dando en la tele? - Huevonanza"

"- Oye, puta que hay huevones en nuestras universidades, se pasó - Es una huevonanza inagotable, compadre"

"... y alzó solemne su mano y he aquí que hubo huevonanza por tres días seguidos y la gente se asombraba y venían de lejos y se admiraban y todos decían: De cierto, de cierto que esto estaba desierto antes y ahora, ved y palpad cómo abundan los huevones"

huevonario

diccionario de huevonés, la lengua distintiva de Chile; registro de huevones; catálogo de huevadas; colección de palabras huevonas; especímenes de huevones para su estudio; vitrina que exhibe huevones.

Efectivamente, y sin ir más lejos, el lector tiene un huevonario en sus manos.

Usos:

"- ¿Usted habla huevonés? - No, fíjese; pero tengo un huevonario en la casa"

"¿Lista de profesores ha dicho? Huevonario querrá decir"

"Hay una sala con retratos de los presidentes de Chile en La Moneda, un largo huevonario"

"Las listas de candidatos al Premio Nacional de filosofía son verdaderos huevonarios"

"- ¿Tiene algún huevonario de héroes de la patria? - No, no me quedan. Esos se agotan al tiro"

"Mami, la profe nos dijo que teníamos que comprarnos un huevonario de huevonés para la clase de comunicación y lenguaje"

huevonarquía, huevonarca

forma de gobierno de Chile; orden político
que consiste en que el más huevón
administra o gobierna.

*Se le conoce también como
huevonocracia, resaltando rasgos
democráticos, por el amplio huevonaje
que mama y se aferra a la teta de Chile,
en torno al huevonarca de turno. Pero es,
en rigor, una huevonarquía: el gobierno
del huevón.*

Usos:

"Todos se admiran del sistema
huevonárquico chileno. La huevonarquía
es sin duda la mejor forma de gobierno del
mundo"

"¿Quién será el próximo huevonarca?"

"Mami, en la escuela estuvimos estudiando
sobre la huevonarquía chilena del siglo XX,

mami - ¡Pero qué bien, Pedrito, qué bien! ¡Qué bueno que aprenda tanto, hijo mío!"

"El huevonarca chileno no es una persona, sino una manga de huevones apernados dentro y cerca de La Moneda. Es bien democrático el lugar, en realidad"

"Debemos cuidar nuestra huevonarquía"

"El partido huevonista propone reformas a la huevonarquía chilena"

"Necesitamos una constitución más huevonárquica"

huevonasta

que abusa sexualmente de huevones; que
ataca sexualmente a los huevones;
degenerado del sexo con huevones;
depravado que siente placer sexual y
hasta disfruta de orgasmo al ver huevones
o escuchar huevadas.

*Obviamente, hay huevonas y huevones
huevonastas, a quienes cabe diferenciar
de los huevonófilos, que gustan de
huevones en buena onda y no suelen
atacarlos sexualmente o de otra manera.*

Usos:

"Mi tío es huevonasta. Toda la familia lo
sabe, pero callan"

"A menos que sea de la secta de los
flagelantes, un cura huevonasta es un
oxímoron, una contradicción en términos"

"Yo escucho discursos políticos,
intervenciones de congresistas,

explicaciones de funcionarios y, como soy huevonasta, me voy cortado"

"Arrestaron a un huevonasta que además era exhibicionista"

"Los huevonastas no suelen ser huevonófilos, sino más bien lo contrario, misohuevónicos"

"Es una secta de huevonastas. Tienen una parcela en Buin. Ahí abusan de los huevones"

huevonata$_1$

emisiones sonoras melódicas de amor;
canto de amor; canto huevón; sonidos del
enamorado; concierto o recital de
huevones.

Pon la radio: de cada diez canciones, siete
son huevonatas.

Usos:

"Hay un sitio con las mejores huevonatas
del mundo. ¡Y puedes bajarlas gratis!"

"Qué bonita esa huevonata, ¿no?"

"Si eres músico y te niegas a escribir
huevonatas, la matas"

"- Le quiero dedicar esta huevonata a la
Renata - Aquí está entonces: Canción del
Amor Verdadero, de René para Renata"

"Voy a una huevonata en el Parque
Forestal esta tarde"

huevonata₂

cocido de huevones con salsa pomedoro; estofado de huevones que se sirve en porciones cuantiosas; plato de huevones, que es preparación predilecta del huevonívoro y exclusivo del huevoníbal.

Hay muchas recetas para estos platos. La diferencia principal suele centrarse entre quienes cargan al orégano y los que se inclinan por el ajo como sabor de apoyo.

Usos:

"En una fuente enorme en plena mesa humeaba deliciosa la huevonata"

"- ¿Te sirves algo? - No, gracias, tía; me acabo de comer una huevonata y estoy pochito"

"La huevonata tiene que ser con vino tinto, pa bajar a los huevones"

huevonato

título de propiedad; mayorazgo; posesión, especialmente campestre y de gran extensión; nombre de barrio comercial de Santiago.

En Chile hay huevonatos y huevones natos.

Usos:

"Heredé un huevonato en el sur, con cóndores y todo"

"Ese huevonato está en litigio de sucesión. Están todos peleados"

"Soy abogado experto en huevonatos"

"Ni por nada del mundo vendas ese huevonato"

"En este huevonato vive un huevón nato"

"Vamos a comprar ropa a Huevonato, que es más barato"

huevoncero

conjunto de canciones huevonas; libro de canciones; álbum de canciones tradicionales.

No hay folklorista que se precie de tal sin su buen huevoncero bajo el brazo.

Usos:

"En la clase de música estamos aprendiendo un huevoncero, mami"

"Mi último huevoncero se titula *Tu tula y mi Tula*"

"Los Huasos Quincheros sacaron un nuevo huevoncero"

"Ganó el disco de platino con su huevoncero El Submarino Huevino"

huevondo$_1$

forma del planeta de los huevones; con forma de huevón; forma de Chile; forma de la Tierra; perfecto; perfecto en su estupidez; consumadamente idiota; huevoniforme.

Hace no tanto nos convencimos de que la Tierra era huevonda. Antes, calculábamos con números huevondos solamente, pero igual salía cuadrada la huevada. A propósito, ¿cuántos eran los caballeros de la mesa huevonda?

Usos:

"- ¿Y cómo es tu casa? - No sé, es blanca y tiene una ventana huevonda en la puerta"

"Desde el cerro se veía todo lo huevondo del valle"

"Qué linda y huevonda es la Luna, ¿no?"

"- ¿Y cómo era el asaltante? - No sé, llevaba una máscara - ¿Pero no le vio algo? - Tenía la cabeza huevonda"

"Las huevas son huevondas"

"- ¿Te gustan mis tetas? - Sí, son huevondas"

"Este es un negocio huevondo, compadre"

"La animita de la Petronila Neira está en la Laguna Huevonda de Concepción"

"Lo huevondo abunda en lo hondo del ser"

"Las pelotas son huevondas y los pelotas también"

"Era un buen timador. Caí huevondo"

huevondo₂

nauseabundo; fétido; hediondo de
huevón; tufo del huevón.

*Digamos que Platón huye de lo huevondo
y no logra una idea clara de huevondez.*

Usos:

"¡Oy, qué huevondo que está aquí!
Abramos las ventanas mejor"

"Lávese las patas, pues, ¿no ve que anda
huevondo?"

"Después de resucitado, Lázaro andaba
tan huevondo que tuvieron que evacuar el
pueblo entero. Los huevones querían
linchar a Jesús por el milagrito"

"Puta el huevón huevondo ese"

"No ande huevondo; use pasta de dientes
Huevontol"

huevonecer

el inicio de todo; el inicio del universo; el primer despertar de la humanidad; el nacimiento de Chile; cumplir Chile años; envejecer Chile; surgir el huevón en uno; envejecer el huevón.

Todos, de alguna manera, huevonecemos.

Usos:

"Dios hizo huevonecer al mundo"

"El Big Bang es el huevonecer del universo"

"El lenguaje es el huevonecer de la huevonidad"

"¡Hola hombre! ¡Pero qué bien te ves! No has huevonecido nada"

"Huevonecía ya, cuando se levantó la abuelita Teresa"

"¡Mami, mami, el profe nos enseñó hoy sobre el huevonecer de Chile, mami!"

"Yo huevonecí ene cuando tuve mi primera mens"

"Hasta cuándo vas a seguir así, Mario, ¡huevonece de una vez!"

"¡Cómo ha huevonecido Arturo últimamente!"

huevonense

oriundo de huevonópolis; natural de huevonolandia; gentilicio que nombra a veces el origen homínido del huevón.

Podría haber sido "huevonano", "huevonino", o "huevoneño", pero no, es "huevonense" lo que las Academias de Huevonótica, Huevonética, Huevonografía y Huevonología recomiendan.

Usos:

"Los huevonenses hablan huevonés"

"¡Así que tú también eres huevonense! ¡Mira qué casualidad!"

"O sea, mi mamá no es huevonense, pero mi papá, sí"

"Viajeros con pasaportes huevonenses: ventanillas a la derecha. Todos los otros pasaportes: ventanillas a la izquierda"

"Los huevonanos, perdón, los huevonenses son una estirpe más antigua que el neandertal"

huevonera

escondite de huevones; guarida donde confabulan los huevones; hueco por donde huye el huevón.

Una huevonera podría haber sido una mujer que vende huevos, o que junta huevones, o que pone, perdón, pare muchos huevones, o una mujer que gusta y anda con huevones, o acaso una caja de una docena de huevones ordenaditos cada uno en su hueco, pero no, no señor, es donde se esconden los huevones.

Usos:

"Los correteamos hasta ahí, pero se arrancaron por la huevonera los huevones"

"Por suerte que pudimos refugiarnos en la huevonera mientras pasaba el huevonal"

"Propongo humear el Congreso Nacional para que salgan cascando todos esos huevones de esa huevonera"

"Hay huevoneras de lujo, como el Club la Unión, otras más rascas, como La Moneda, otras constipadas y rígidas, como la Academia de Guerra, y otras más laxas y faranduleras, como Televisión Nacional"

"Caray, Robin, ese malvado Pingüino nos ha engañado nuevamente. Rápido, vámonos a la bati-huevonera"

huevonero$_1$

bolsa donde se juntan huevones; depósito de huevones; antro de huevones; escroto o bolsa testicular.

Así es, tanto La Moneda como el escroto son huevoneros.

Usos:

"La solución del país es la creación de un huevonero gigante donde metemos a todos los huevones; luego lo mandamos de regalo a Alaska vía Fed Ex"

"Esta universidad es un gran huevonero"

"- Doctora, me revisa el huevonero, mire que parece que tengo algo… - ¡Estai huevón que te voy a tocar ahí!"

huevonero$_2$

persona que junta huevones; institución o entidad que reúne o selecciona huevones; árbol del huevón (ver también "huevonal")

¡Ah, si cupieran todos los huevones en un carromato!

Usos:

"Y alegre, el huevonero va, cantando así, riendo así, diciendo así por el camino: Si vendo esta carga de huevones, mi Dios querido, un traje a mi negrita, voy a comprar..."

"¿Reclutamiento Militar ha dicho? Huevonero, hombre, huevonero"

"Los edificios son huevoneros; con los temblores cae uno que otro compadre maduro de huevón"

huevonés

lengua distintiva de Chile; lenguaje que hablan los huevones del Pacífico Sur; idioma prodigioso, que solo en base a la raíz "huev" logra expresar todo el potencial lingüístico humano; habla del huevón; común denominador filológico universal.

El huevonés es como el Rh Negativo en la sangre: traduce cualquier otra lengua, pero ninguna otra lo traduce a él.

En el Ministerio de Educación los huevones hablan casi puro huevonés, al tiempo que ellos mismos lo censuran en las escuelas.

Usos:

"La lengua materna en Chile es el huevonés"

"Pocos nativos del inglés hablan el huevonés"

"- ¿Tiene el diccionario de huevonés de Larousse? - No, está agotado"

"Ese huevón habla español, pero no huevonés"

"El huevonés, y no las matemáticas, es el lenguaje universal"

"Es fácil traducir del japonés al huevonés, pero no al revés"

"- ¡Mami, mami, aprendí una nueva palabra en huevonés, mami! - ¿Y qué aprendió, mi amor? - Mata de huevas, mami"

"Algunos dicen que el huevonés es de origen extraterrestre"

"- Mami, mami, aprendí más palabras en huevonés, mami - ¿Y qué aprendió, corazoncito? - Eso te pasa por huevón, mami"

huevonesa$_1$

mayonesa de huevones; aderezo de huevadas.

Algunos le agregan calzonudos, otros viejas locas, y hasta con caras de raja queda decente esta salsa.

Usos:

"Aquí te sirven el hot-dog con huevonesa picante"

"¡Qué espesa esta huevonesa!"

"Están preparando una huevonesa light para el próximo gobierno"

"Me da un gobierno de centro derecha con huevonesa, por favor"

"- ¿Le queda Concertación con huevonesa? - No, se nos acabó, fíjese"

huevonesa₂

se dice cuando la huevona es de alta
alcurnia; mujer que posee huevonato (es
decir, un título de propiedad mayor);
mujer apasionada y huevona.

*Este título ha sido injustificadamente
cuestionado por la casa real inglesa. Sepa
la aristocracia europea que Chile no cesará
jamás en su afán de que se reconozca
este hidalgo título femenino chileno en
todos los rincones del mundo, y
apelaremos ante las cortes internacionales
hasta la muerte porque así sea. Ah, y la
mayonesa de huevones también es
patente chilena, por si acaso.*

Usos:

"No huevéen a la huevonesa, ¿no ven que
si se ponen huevones les va a cortar la
cabeza?"

"Yo soy huevonesa. Tengo un huevonato
en el sur de cómo tres mil hectáreas"

"Como dijo Einstein, todo es relativo: En la pobla, si tenís media agua ya eri' huevonesa, ¿cachai?"

"Esa huevona se cree huevonesa"

"Había unas cuantas huevonesas en la barra del bar"

"Me gustan las huevonesas"

"Cuídate de esa mina, que es huevonesa"

"Yo me hago la huevonesa y los tengo comiendo de mi manito… hasta que me aburro y los corro"

huevonía[1]

enfermedad contagiosa originaria de Chile cuyo síntoma infalible son las emisiones repetidas de huevadas en el portador; estado pasajero de imbecilidad; resfrío huevón; condición del huevón. Se le conoce también con el nombre de huevonitis y también huevonalgia.

No sé por qué los hospitales no tratan esta enfermedad en Chile.

Usos:

"Póngase una chomba chilota, mijita, no le vaya a dar una huevonía"

"Por meterme al Metro me agarré una huevonía que todavía me tiene enfermo de huevón"

"No sé, me vino... como una huevonía y no atiné a hacer nada"

"Si los médicos dieran licencia por huevonía, el país se paralizaría"

huevonía₂

sinfonía huevona; polifonía deplorable;
cualquier discurso político chileno;
agregado armónico de huevones; conjunto
de huevadas acordes; dícese también de
la producción intelectual de Chile y, a
veces, la del mundo entero.

La novena o "Huevoral" es sublime.

Usos:

"- ¡Tanta huevonía que se escucha estos
días! ¿No te parece? - Período de
elecciones, poh, ¿qué querías?"

"Y todos los días, y todos los días, los
diarios publicaban huevonías, todos los
días, todos los días..."

"- ¿Y dónde va, mijita? - Voy al concierto
huevónico de la orquesta de la escuela,
mami - ¡Ah, qué lindo, una huevonía!
Páselo bien, pues, mijita, disfrute"

"Yo siempre escucho Radio Huevonía"

huevoníaco

dícese de la malevolencia del huevón; maldad huevona; huevón malo; maligno.

En el infierno chileno, los demonios son huevonios, y todo lo demoníaco es huevoníaco.

Usos:

"Preparó un discurso huevoníaco para cagarse a sus colegas"

"Las calles y el tránsito de Santiago son huevoníacos"

"¡La comida huevoníaca que nos dan en la escuela!"

"Si me siguen hueviando, voy a tirarles un maleficio huevoníaco"

"El Maligno es huevoníaco y tiene a todo Chile huevonotizado"

"Qué huevoníaco ese profe; me puso un 3 en huevonología"

huevoníbal

que mata y come huevones; sanguinario del huevón.

Esta es una especie humana definitivamente en vías de extinción, prueba de lo cual es el aumento sostenido de huevones en la población.

Usos:

"Al pobre Ernesto se lo comieron unos huevoníbales, fíjate"

"El huevoníbal suele ser un ser solitario y reflexivo"

"Voy a enviar a unos pocos huevoníbales a La Moneda para que se alimenten una semanita ahí"

"Mami, mami, en la esquina hay un huevoníbal comiéndose a un huevón, mami"

"Así como hay más antílopes que leones, así también hay mucho menos huevoníbales que huevones"

"Las manadas de huevones son tan extensas y se reproducen con tal éxito, que bien podría decirse que se están comiendo a los huevoníbales"

huevonicida

asesino de huevones; enemigo de Chile; traidor a la patria; eliminador o neutralizador de huevones y huevadas.

Si bien los huevonicidios del huevonicida mejoran ostensiblemente la calidad intelectual del ambiente, en Chile es crimen mayor matar a un huevón.

Usos:

"Por la radio dijeron que andaba un huevonicida suelto por Santiago"

"Lo condenaron a cuarenta años y un día por el huevonicidio de decenas de estudiantes; es un sicópata huevonicida de lo peor"

"No se meta en las bibliotecas, mijita, mire que anda mucho huevonicida oculto por ahí"

"A Sócrates lo mataron por huevonicida"

"Huevonicida, huevonicida, le gritaba la muchedumbre encolerizada. Los pacos trataban de evitar que la lincharan. Y ella lo único que había hecho era echarse un par de huevones"

"Pedrito, ¿qué cree?: Jesús fue a la cruz por huevón o por huevonicida?"

"Compré este huevonicida spray en el súper. Lo voy a probar. Es que llega tanto huevón a verme a mi casa"

"El compadre puso huevonicida en el aire acondicionado y mató a todos los huevones de su empresa"

huevonícola

primitivo del planeta Tierra; ser del planeta de los huevones.

Así es, los marcianos no nos dicen "terrícolas", sino "huevonícolas".

Usos:

"Yo creo que venimos de los huevonícolas, ¿tú qué piensas?"

"En estas cavernas los huevonícolas dejaron pintadas todas las huevadas que hacían"

"Los huevonícolas arrastraban del pelo a las huevonícolas. Por eso que ahora ellas lo tienen tan largo. Después, las huevonícolas descubrieron que agarrando a los huevonícolas de las huevas los neutralizaban. Así fue que a éstos les fue creciendo el pico"

"- Eres un huevonícola, Manuel, ¡cómo se te ocurre dejar sola en la calle a la María!-

Pero si la mina me pegó un rodillazo en las huevas, poh"

"El jefe de esa tropa de huevonícolas bajó del bote y dijo a los nativos: Venimos en paz"

"Nos invadieron unos huevonícolas, pero como eran buena onda, nos mezclamos"

"El alienígena observó a los huevonícolas flotando en el espacio unidos a su cápsula espacial. Estaciona su nave al lado de ellos, abre la ventana y les grita: Así que ya son huevonautas, los huevones. Felicitaciones, pues, felicitaciones. Y se va"

"Profe, ¿los huevonícolas ponían huevos?"

"Estoy viendo una película de huevonícolas y dinosaurios"

"La cagó pa ser huevonícola ese pueblo. La última novedad tecnológica que llegó es el cortaúñas"

huevonicuadora

máquina que extrae jugo del huevón; trituradora que hace que los huevones den jugo.

Siempre es bueno tener una maquinita de estas en la cocina.

Usos:

"Es definitivamente la mejor compra que puedes hacer, amigui: Pones a tu marido en la huevonicuadora y le sacas jugo al huevón"

"Te cuento, niña: Hay liquidación de huevonicuadoras en Huevabella"

"- Se me pasó la mano con mi marido. Lo metí a la huevonicuadora y el huevón quedó más seco que Tutancamón - ¿Y qué vai a hacer? - O sea, yo por mí, feliz, ¿pero y qué la digo a los niños?"

huevonicultor, huevonicultura

profesional que produce o cultiva huevones; cura; educador; mamá.

La huevonicultura se enseña en todas las universidades tradicionales.

Usos:

"Mi hijo estudia para huevonicultor"

"No me dio el puntaje para entrar a Huevonicultura. ¡Y yo que toda mi vida he querido ser huevonicultor!"

"Se necesita huevonicultor con experiencia docente"

"Los huevonicultures de los colegios municipales están en huelga"

"¿Para qué contratas huevonicultores chilenos? Mejor y más barato, colombianos"

"La huevonicultura ha crecido mucho en nuestro país"

huevonidad

el conjunto sumo de huevones; nombre científico de la raza humana; esencia humana; naturaleza trascendente del ser; el ser en tanto ser.

Como se aprecia, la huevada se pone densa.

Usos:

"- La huevonidad ha alcanzado logros impresionantes… - Sí, pero sigue siendo huevona"

"La historia de la huevonidad está repleta de hechos huevones"

"Cuando nos visitaron los extraterrestres, se admiraron de nuestra huevonidad"

"Esos milicos están presos por crímenes de lesa huevonidad"

"Mami, la profesora nos enseñó que tenemos que valorar nuestra huevonidad"

"Valparaíso ha sido declarado Patrimonio de la Huevonidad"

"Hay que ser huevondadoso, porque sin huevonidad nos vamos a la cresta, ¿no le parece?"

"Los estudiantes se tomaron la Facultad de Huevonidades"

huevonificar

convertir al huevonismo; discursear el político o el cura; salir el huevonista a meterle ideas huevonas a la gente; hablarle a las masas; unificar o entusiasmar a los huevones en torno a alguna doctrina u otra huevada.

Huevonificar a los chilenos es la tarea principal de la Iglesia Católica y del Ministerio de Educación.

Usos:

"Me tocó salir a huevonificar el domingo; adonde soy huevonista"

"Huevonifíqueme a esa masa, Padre, mire que están cada vez más insolentes, perdón, empoderados"

"Tenemos que poner más escuelas en la provincia para huevonificar a esa gente"

"El Ministerio de Huevonificación ha pedido más presupuesto para poder cumplir con su misión de huevonificar a toda la población para el 2020"

"- Bien huevonificante la clase del profe ¿no? - Te gustó - Sí, ene"

"- Qué huevonificante es cantar el himno patrio, ¿no? - ¿Vos soi huevón o te hací?"

"El rey de los huevonificadores se quiere deshuevonificar y quien lo deshuevonifique, gran deshuevonificador será"

huevonil

medicamento contra el hueveo; medicina anti-huevonálgica; marca registrada contra la huevonía que puede venir en jarabe o como supositorio.

Es, sin duda, el más conocido, pero hay otros químicos que tratan al huevón, tales como las "cefalosporinas huevónicas", los "tetrazohuevonoides" y el "huevonaprám"

Usos:

"Tómate un huevonil, ¡tonto huevón!"

"¿Problemas de huevonía? Póngase un huevonil y ¡ya! Pasó la huevada"

"Huevonil, el liposoluble que no debe faltar en su velador"

"Gordito, compre huevonil ya que va a pasar por la farmacia, ¿quiere?"

"El huevonil también viene en huevonitorios"

"Murió por una sobredosis de huevonil"

"- Mi amor, me duele la cabeza - Tómese un huevonil, pues, gordita"

"El huevonil es sin receta médica"

"- ¿Tiene huevonil? - ¿Jarabe o supositorio? - Jarabe - No, se agotaron"

"No tome tanto huevonil, Adolfito, que le va a hacer mal"

"Ese huevón se empepa con huevonil"

"- A mi marido le digo *El huevonil* - ¿Por qué amigui? - Le gusta puro por la boca o por atrás"

huevonino

color huevón; color impreciso; color que manifiesta cualquier viscosidad; color inesperado; dícese también del color favorito de cualquier huevón.

Así las cosas, además del huevonino, propiamente, hay rojo, amarillo, verde, café y también azul huevonino. Yo mismo ando trayendo unos pantalones blanco huevoninos en este momento.

Usos:

"Amaneció huevonino el cielo"

"Con esta chaqueta huevonina, cualquier camisa combina"

"Qué huevonino el color de esas manzanas, ¿no?"

"- ¿Y le alcanzó a ver el color de los ojos al asaltante? - Claro, los tenía huevoninos"

"- ¿Y ese teñido huevonino que te hiciste?
- Ay, huevón, no seas tan tradicional. ¿No
ves que está de moda el huevonino?"

huevonista$_1$, huevonismo

miembro del PHC, el Partido de Huevones de Chile; simpatizante del PHC; intelectual que propone una huevonidad pacífica y fraternal.

Es el partido mayoritario de Chile. Sus miembros adhieren al huevonismo.

Usos:

"Sin importar el gobierno, los huevonistas siempre están en el Ministerio de Educación"

"El guanaco está disolviendo una manifestación de huevonistas"

"Él es militante huevonista"

"El huevonismo no es de derecha ni de izquierda, sino justamente del otro lado"

"Los huevonistas son mayoría absoluta en el Senado, y no hay ni uno que no lo sea en la Cámara de Diputados"

"Vote huevonista, no sea huevón"

"Yo soy huevonista, creo en el huevonismo y en mi patria"

"No me gustan los huevonistas; los encuentro huevones"

"Cuidado con el huevonismo internacional"

huevonista$_2$

artista que retrata huevones; fotógrafo especializado en huevones; actor que interpreta huevones; comediante del huevón; profesional que describe, estudia o trata huevones; médico especialista en huevones; terapeuta del huevón.

Últimamente, trabajo de huevonista.

Usos:

"-¡Qué lindas estas huevonografías! - Sí, Manuel es un excelente huevonista"

"Siempre hay uno que otro huevonista en el Festival de Viña"

"- Es un buen huevonista. Le sale como natural cuando interpreta huevones, ¿no te parece? - Pero si es huevón, poh"

"Con ustedes, el huevonista Hueva Le Grand"

"Llama al huevonista para que entreviste a estos huevones"

"- ¿Y cuál es su especialidad médica? - Huevonista - Justo me duele una hueva, fíjese..."

"Me mandaron donde el huevonista; es por el estrés"

"El huevonista me dio licencia por una semana"

"- Él es huevonista freudiano, y usa mucho la huevonosis - ¿Te huevonotiza? – Sí, pues - ¿Y si no te das cuenta y te corre mano?"

huevonita

roca del planeta originario de Huevonomán; meteorito que proviene de la destrucción del planeta Huevonón.

Como se sabe, esta roca debilita a Huevonomán y puede hasta matarlo.

Usos:

"Cayó un meteorito y era de Huevonón... y justo iba pasando Huev Luthor y se llevó la huevonita"

"Huevonomán se pone huevón si se acerca mucho a la huevonita"

"La huevonita tiene un color verde huevocino"

"La Luchita Lana averiguó lo de la huevonita, se guardó un pedacito y se quedó calladita"

"- Atrás, Huevonomán, con esta piedra de Huevonón soy más poderoso que tú - Oh, cáspita, Huev tiene huevonita en sus

manos, no, oh, me debilito, noooo, no
pueeedo... argh, aaargh, aaaaaargh"

huevonitorio₁

consultorio del huevonista; escritorio; despacho; oficina; cuarto; dormitorio del huevón.

Desde su huevonitorio, el huevonólogo estudia huevones y escribe huevadas.

Usos:

"- ¿Y en qué trabaja tu marido? - Él es cirujano huevonista - Ah, pero qué bien, qué bien. ¿Y atiende particular? - Claro, tiene su huevonitorio en Providencia"

"Tenía una foto de su familia encima del huevonitorio"

"Este no es un edificio residencial. Aquí hay puras empresas y huevonitorios"

"Vaya a verme al huevonitorio, pues hombre. Le dejo mi tarjeta y pide hora con la secretaria"

"- Huevonitorio del doctor Carril, ¿en qué puedo servirle? - Aló, buenos días. Quiero una hora porque me está dando huevonitis"

"- ¿Y dónde vives? - Arriendo un huevonitorio en una pensión del barrio Brasil"

"¡Qué bonito tu huevonitorio!"

"Pedrito, usted no sale de su huevonitorio hasta que no haya hecho todas las tareas"

"Dejé que entrara a mi huevonitorio y ahí me besó el huevón"

huevonitorio$_2$

cápsula medicinal que se introduce por el recto; supositorio que se aplican los huevones; pene.

Si bien son de uso frecuente, no está científicamente demostrado el beneficio de los huevonitorios anti-huevónicos.

Usos:

"El doctor me recetó estos huevonitorios"

"Disculpe, ¿tiene huevonitorios para la constipación?"

"Doctor, no quiero huevonitorios, ¿no ve que me da vergüenza usarlos? ¿No tiene en jarabe mejor?"

"Mi amor, ¿y cuándo me va a aplicar su huevonitorio?"

"Mi marido pico no tiene; apenas un huevonitorio así chiquitito le sale"

huevonitud

calma huevona; el género de los huevones en modalidad apacible y compasiva; lo huevón en fase de sosiego; estado de paz de los huevones; estado de plenitud huevona; concentración de huevadas que no se mueven; condición o tiempo de madurez del huevón.

En el consabido minuto de silencio se hace presente la huevonitud.

Usos:

"Aquí en Chuchunco a las dos de la tarde reina la huevonitud"

"Qué huevonitud más deliciosa. Voy a dormirme una siesta"

"Luego del terremoto, una huevonitud sibilina se instaló en ese pueblo"

"Y Dios dijo: Hágase la huevonitud"

"Me encanta la huevonitud del campo"

"Dijo el profeta apocalíptico: El que tenga ojos para ver, vea. De cierto, de cierto os digo que esta es la huevonitud antes del huevonal"

"Dijo el gran Goethe: el carácter se forja en el huevonal, el talento en la huevonitud"

"Tómalo con huevonitud, huevona, si no es para tanto"

"- Y su hijo, ¿cómo está? - Grande ya pues. Si tiene 18 años - Ah, o sea que alcanzó ya la huevonitud. ¡Qué bueno!"

huevonivisión

nombre de cada uno de los canales de televisión en Chile; nombre genérico de los contenidos de la televisión chilena; nuevo género de televisión inventado en Chile cuyo fruto social se produce cuando el televidente se transforman en un perfecto huevón.

En Chile no hay televisión, hayhuevonivisión.

Usos:

"Quítate de enfrente, huevón, no veí' que no me dejai ver la huevonivisión"

"¿Quién ganó este año el Festival de Huevonivisión?"

"Este programa de huevonivisión tiene buen rating, huevoniza a más huevones que la pasta base"

"La huevonivisión es una ventana a la huevonidad"

"- ¿Hay algo en la huevonivisión esta noche? - Puras huevadas nomás"

"¿Has salido en huevonivisión alguna vez?"

"Con este plasma vamos a ver más huevonivisión que la chucha"

"Los niños están viendo demasiada huevonivisión, mi amor"

"¡Mami, mami, mira, el papá está en la huevonivisón!"

huevonívoro

que, entre otras cosas, también come huevones; que se alimenta principalmente de huevones.

Debe compararse esta entrada con "huevoníbal", que es un sujeto afín, pero más puritano en su dieta.

Usos:

"Se reconoce al huevonívoro en que el patio de su casa está lleno de huesos y cráneos tirados con los que juega el perro"

"Entré al living y vi brazos y piernas y orejas y otros trozos humanos desparramados por doquier. ¡Mi anfitrión era un huevonívoro!"

"- Vamos a almorzar a la casa, viejo. Hoy hay pierna de huevón al jugo... Porque, ¿no me digas que eres vegetariano? - No, para nada. Soy huevonívoro. ¡Rico plato, compadre!"

"Hay minas que comen huevones, y minos que comen huevonas. Esos suelen ser huevonívoros metafóricos"

"O sea, yo soy huevonívoro, pero no soy fanático. Como otras cosas también, como calzonudos, patudos, hijos de puta y conchas de su madre"

"Yo soy huevonívaro, pero me caen mal los sacos de hueva"

"- ¿Usted come matas de huevas? - Sí, claro, con aceite y limón"

huevonizar, huevonizador

hacer que el otro entre en trance huevón; embaucar con huevadas; transformar a alguien en huevón; obrar la huevonomagia.

Si usas anteojos Rey Chan, no te pueden huevonizar.

(El huevonizador es como un huevonotizador, solo que menos mentalista y sin título. Vea "huevonosis".)

Usos:

"Cuidado con el Rodrigo, que es brujo: Te mira a los ojos y te huevoniza de inmediato"

"Esa secta huevonizó a mi hijo y ahora el huevón se cree rastafari"

"El político si no es huevonizador, no sirve. Vive de huevonizar a la gente"

"Me abdujeron y trataron de huevonizarme, pero no me dejé"

huevonoclasta

sujeto que destruye huevones hasta en pintura; exterminador de huevadas; héroe que lucha incansablemente contra las normas huevonas de la sociedad; rival de la huevonolatría y del huevonólatra; enemigo jurado de la huevonodulia y sus practicantes, los huevonodulos.

Mientras más huevonoclastas hay, mejor le va al lugar.

Dada la cantidad de huevadas que emanan de los educadores, los curas, los políticos y otros charlatanes, Chile necesita urgente enseñar Huevonoclasia en las escuelas.

Lamentablemente, entre nosotros, así como en tantos otros países que adhieren a la huevonolatría, la huevonoclasia está prohibida.

Usos:

"Todos los huevonoclastas del mundo sostienen que los ejércitos, las armas bélicas y los militares son huevadas huevonas de lo peor, que siembran la guerra, la muerte y el terror, y que eliminarlas siendo huevonoclasta es lo mejor"

"Algo que nosotros como huevonoclastas siempre quemamos es la huevadita huevona esa de la *imagen país*"

"Lo pillaron destruyendo íconos religiosos en la catedral. Es que adonde es huevonoclasta"

"En la universidad te echan si eres huevonoclasta"

"- Buenos días. Vamos puerta a puerta conversando sobre el mensaje de Dios nuestro Salvador - Yo soy huevonoclasta, así que váyanse a la chucha"

"La huevona estaba en plena campaña electoral, huevonizando a unos pobladores, y no viene un huevonoclasta y le tira un balde de caca en la cara"

huevonogamia, huevonógamo

sexo entre huevones; matrimonio exclusivamente entre huevones; doctrina matrimonial oficial de la Iglesia Católica Chilena; única forma de convivencia entre los sexos bendecida y sacramentada por dicha iglesia.

Esta es la práctica inscrita en la Constitución como forma legal exclusiva de consorcio sexual en Chile. Se le considera también por muchos sociólogos y huevonólogos la causa principal de la casa de putas que impera en el país.

El huevonógamo es el huevón tonto que tiene la culpa de todo esto.

Usos:

"La huevonogamia es la base de la sociedad chilena"

"La familia chilena es huevonógama"

"El think tank Patria y Subdesarrollo aboga por la huevonogamia"

"Si usted no es huevonógamo, no puede trabajar acá"

"- Yo practico la huevonogamia - ¿Y qué tanto practicas?"

"- Oye, pero tú eres casada ¿y no llevas anillo? - Es que no soy huevonógama, ¿y tú?"

"El cura me dijo que había que ser huevonógamo, pero ¿y cómo él?"

huevonólatra, huevonolatría

que adora huevones; que cree en huevadas; que adhiere a la huevonomía; que idolatra al Gran Huevón, el ancestro de la estirpe de acuerdo a esta última pseudo-ciencia.

El huevonólatra suele caminar en círculos concéntricos a un huevón o a una huevada, pero él jura que va en línea recta. Cuando se juntan muchos, la huevada se transforma en huevonolatría.

Usos:

"Todo miembro de un partido político es por definición huevonólatra"

"Usted mijita es masoquista o es huevonólatra. ¡Cómo es posible que siga pololeando con ese imbécil del Miguel!"

"Ellos pertenecen a la Huevonolatría Chilena"

"Hay mucho huevonólatra en el mundo"

"Noticia de último segundo: Veinte huevonólatras yacen muertos en la Plaza de Armas luego de un duelo con un huevonoclasta, quien, sin embargo, salió sin un rasguño"

"La Iglesia ha prohibido la huevonolatría de otro ídolo que no sea Dios..., bueno, y el papa, y los apóstoles, y la Virgen, y el Niño, y los Santos, y los ángeles, y el Obispo..."

"Un huevón se paró en la plaza y comenzó a gritar: ¡Basta de huevonolatrías!"

huevonólogo

dícese del huevón con título, es decir, el huevón requete huevón. Es también el grado máximo que recibe el estudioso experto en huevones y huevadas, obligadamente un Ph.D. en la disciplina llamada huevonología. Por su parte, el egresado en huevonografía es el huevonógrafo, un huevón distinto, más aterrizado, que no teoriza mucho, sino que clasifica comedidamente a los huevones y sus huevadas.

El huevonólogo es el sujeto que mejor maneja el huevonómetro. El doctorado en huevonología lo ofrece la calle chilena, la mejor universidad de huevones del mundo.

Usos:

"- Ese huevón no es huevón, es huevonólogo, ¿cachai? - O sea, huevón con título. - Eh, matado de huevón"

"- Y usted, ¿dónde se tituló de huevonólogo? - En la Católica, ¿y usted? - Yo, en la Chile"

"- Disculpe, la sección de huevonología, ¿dónde está? - Mire, ¿ve dónde está ese huevón mirando libros ahí? Ahí mismo es. Él es huevonólogo y se lo pasa hueveando aquí en la huevonoteca"

"- ¿Y cuál es su profesión? - Yo soy huevonólogo - ¡Pero qué casualidad! Por acá pasó un colega suyo hace poco, claro que él era huevonógrafo, me dijo - Ah, esos huevones se creen la cresta y no saben ni una huevá"

Huevonomán

ídolo chileno; héroe de la mitología nacional; ícono urbano; personaje que vuela y deja cagadas; huevón hiperbólico.

Es una micro...

No, es un quiltro...

No, es un completo…

No, huevones, ¡es Huevonomán!

Usos:

"¡Mami, mami! Hoy vi a Huevonomán salvando a una abuelita de unos asaltantes, mami"

"- La Moneda llamando a Huevonomán, conteste Huevonomán… La Moneda llamando a Huevonomán, conteste Huevonomán - Aquí Huevonomán, adelante Moneda - ¡Huevonomán! ¡Qué bueno que contestaste, Huevonomán! ¿Cómo estai, huevón?"

"Huevonomán, si toca huevonita, caga"

"- Huevonomán, ¿algún mensaje al mundo, Huevonomán? - Vine a luchar por la justicia, y por la verdad, y por el estilo de vida chileno"

"Huevonomán, más poderoso que una promotora, digo, locomotora"

"Huevonomán, más rápido que la Matadero Palma"

"Vieron a Huevonomán medio curadito pal dieciocho"

"El Huevonomán se metió con la Pincoya y se fueron una semanita a Cancún"

"Huevonomán es el Hombre de Cobre"

"A Huevonomán le rebotan las ideas"

"Este es un trabajo para Huevonomán"

"Socorro, Huevonomán, Huev Luthor me tiene amarrada a esta bomba - No se mueva, señorita, la desarmaré... ¡Oh! ¡Rayos! No es una bomba. ¡Es huevonita! Desfallezco, argh, aaargh, aaaaargh - ¡Huevonomán! ¡Oh, no!"

"El diario *La Última* dice que Supermán y Huevonomán salieron del closet y están pololeando"

huevonómetro

inventado en Chile e internacionalmente aclamado, es una herramienta de precisión que mide variables tales como nivel de huevones en una población, frecuencia de huevadas en un universo de actos o de palabras, número de huevonadas por huevones en edad reproductiva, grado de hueveo en un ambiente, manifestación o latencia en el gene huevón de un individuo, volumen de huevadas transmisibles por la leche materna, cantidad de espermatozoides huevones por eyaculación, entre muchas otras mediciones.

El huevonómetro se lo pasa fundido en Chile. Se parece mucho al huevonógrafo. Hay que ser huevonólogo para cachar la diferencia.

Usos:

"Mira, si pones un huevonómetro en La Moneda, el aparato explota, ¿cachai?"

"Ese huevón realiza tal cantidad de huevadas por minuto que se requiere de un huevonómetro para seguirle el registro"

"El tiempo: Nuevamente, el huevonómetro indica tormenta de huevadas en Chile los días próximos"

"Yo siempre ando con mi huevonómetro, porque uno nunca sabe…"

"Perdón, ¿me dice qué marca su huevonómetro?"

"- A ver, dese vuelta y agáchese - ¿Por qué doctor? - Es que este huevonómetro es por vía rectal"

huevonopatía, huevonópata

trastorno de la personalidad que consiste en la imposibilidad de verse a sí mismo sino sólo al otro; grado patológico de tolerancia, aquiescencia y desintegración en el interlocutor; condescendencia enfermiza; búsqueda huevona del otro y la otredad.

El huevonópata empatiza tanto, que llega a ser huevón.

Usos:

"Inauguraron una sección nueva de huevonopatía en el Hospital del Huevoneador"

"Pobrecita, le diagnosticaron huevonopatía crónica a la Michelita"

"Los huevonópatas tienen problemas con el principio de realidad. No ven el mundo como nosotros, ¿cachai?"

"Los huevonópatas se la pasan en rituales extraños y, sí, pueden llegar a matar, pero de la risa"

"Mi primo es huevonópata, pero es buena onda el huevón"

"Este hijo mío me salió huevonópata: regala todo lo que tiene; se cree Cristo el huevón"

huevonoro

lugar donde los huevones orinan; retrete público; urinario original de Chile; toilette; baño.

Ojo con los huevonoros públicos en Chile: peligras morir atrapado en pestilencia.

Usos:

"- Disculpe, ¿dónde está el huevonoro? - Al fondo a la derecha"

"Se le tapó el huevonoro, señora"

"Estos departamentos son de tres dormitorios y un huevonoro"

"Este es el huevonoro de visitas"

"- ¿Y en qué trabaja su padre? - Él arregla huevonoros"

"- Oye, ¿y tienes pieza por aquí cerca? - No, corazón, en el huevonoro de la fuente de soda se lo mamo"

huevonosis, huevonotizador, huevonotizar

estado mental extra huevón; inducción huevonótica; hechizo o encantamiento que afecta a los moradores de la Copia Feliz del Edén; faena de la huevonivisión; trance del televidente; arte o magia del huevonotizador.

Huevonosis no es lo contrario de huevosisis.

Todo discurso político, religioso y patriótico ejecuta el rito de la huevonosis en su audiencia. Los curas son huevonotizadores con atuendo invariable. Lo mismo los milicos. Los políticos, en cambio, son huevonotizadores camaleónicos: cambian de traje según la ocasión.

Usos:

"Fue un acto exitoso de huevonosis. Les dijo: Mi gobierno va a terminar con la desigualdad, mi gobierno va a terminar con la desigualdad, mi gobierno va a terminar con la desigualdad... Y los huevones quedaron todos huevonotizados"

"- Y tu marido, qué hace? - Él es huevonotizador - Ah, sí, de la farándula. Si lo he visto en la tele huevonotizando. Muy dije él"

"Si logro que voten por mí, es porque soy un buen huevonotizador"

"El sacerdote dijo: Dios condena el divorcio, Dios condena el divorcio, Dios condena el divorcio... Y todos los huevones salieron huevonotizados repitiendo la misma huevada"

"- Doctor, no puedo dormir por el estrés - A ver, recuéstese, la voy a huevonotizar"

"- Estos huevones zombis de los milicos están todos huevonotizados - Sí, menos mal que están recluidos en sus regimientos y no salen a comer gente- Oy, sí, ¿te acordai cuando andaban sueltos por las calles? ¡Qué horror!"

"Tienen a los huevones huevonotizados con la huevonosis esa de que la marihuana huevonotiza"

"Iban de rodillas a Lo Vásquez. ¡Cómo irían de huevonotizados que ni les dolía!"

huevonoso

denso; confuso; peliagudo; trabado por huevadas; viscoso de huevones; de calidad huevona espesa; pringado de huevones o huevadas.

No confundir huevonoso con oso huevón.

Usos:

"Todo esto del binominal me parece absolutamente huevonoso"

"El Manuel curado se pone huevonoso"

"Vámonos mejor, que está medio huevonoso el ambiente"

"Qué huevonosa que está la situación en Siria, ¿no?"

"No te vayas a meter con él, mira que anda huevonoso"

huevontanasia

muerte del huevón; muerte buena del huevón; ayudita para que el huevón deje la huevonidad sin dolor.

Como el huevón es huevón, hay que ayudarlo a morir también.

Usos:

"- Pidió que no le hicieran la huevontanasia, pero la enfermera entendió al revés y lo desconectó - ¡Oh, qué mala cueva, huevón!"

"Los médicos siempre han practicado la huevontanasia, solo que no andan hociconeando al respecto"

"- ¿Usted está a favor o en contra de la huevontanasia? - No, o sea, yo, bueno, yo pienso que el matrimonio es entre un hombre y una mujer"

"En Chile se aceptan huevones, huevontanasia, nica"

"Esa antigua sociedad chilena — con sus valores retrógrados, católicos, pacatos, clasistas, racistas, homofóbicos, hipócritas y oscurantistas — se pudre y muere, pero, como es huevona, se niega a la huevontanasia"

huevonucho

huevón menor; huevón insignificante, huevón cualquiera.

Así es, dicho en una palabra, este es el pobre huevón.

Usos:

"El Andrés es huevonucho y cartucho"

"No faltan los huevonuchos haciendo encuestas en la calle"

"Si eres huevonucho, no vales un pucho"

"Ese huevonucho del Miguel me tiene harta. No lo soporto"

"¿Profesores ha dicho? Huevonuchos, hombre, huevonuchos"

"Mire, hijo mío, si va a ser huevón, sea huevón, pero no sea huevonucho, ¿ya?"

huevonumento

estatua; estatuaria chilena; cualquier estatua que represente figuras históricas de Chile; monumento nacional.

¿Alguien alguna vez contempla algún huevonumento en Chile?

Usos:

"Qué cosa más horrible los huevonumentos en las plazas y parques de Chile"

"Le irguieron un huevonumento al fundador de los huevonistas"

"Dejen de hacer huevonumentos, ¡huevones!, y cuiden los árboles y los jardines mejor"

"Por fin terminé este huevonumento que me encargó La Moneda por lo del terremoto. Ocho picos mirando el cielo"

huevonuto, huevonutear

persona que difunde en las esquinas y calles la alegría de ser huevón; que trae la buena nueva de que el dios de la huevonidad vive y puede salvarte; evangelista del huevón; predicador de huevadas.

Como se sabe, muchas veces los huevonutos transmiten su huevonología con guitarreo y canto.

Usos:

"Había un huevonuto en la plaza, con las manos alzadas gritando *Arrepentíos, arrepentíos; el fin de la Huevonidad está cerca*"

"- Yo y mi marido somos huevonutos. Los domingos salimos a cantar la buena nueva al Paseo Ahumada - Qué bien, hermana, qué bien. Yo también salgo a huevonutear los domingos"

"La Marité era esotérica y hippie de joven, y mírala ahora, ¡huevonuta la huevona!"

"- La Iglesia Huevólica también metió guitarra y canto al templo - Es que los huevonutos les quitaron mucha clientela, pues"

"Hay muchos huevoyentes que antes eran huevólicos y ahora son huevonutos"

"- Puta, huevón, todos los fines de semana se nos planta una manga de huevonutos aquí abajo en el edificio y métale guitarreo y alabanzas - Llama a los pacos, poh huevona - Si los llamé, huevón. Vinieron y el huevón del sargento se puso a cantar con ellos"

www.ingramcontent.com/pod-product-compliance
Lightning Source LLC
Chambersburg PA
CBHW020533290526
45786CB00002B/856